Made in the USA
Middletown, DE
22 December 2022

20226177R00070